ALPHABET

SYLLABIQUE

ET FRANÇAIS,

OU

MÉTHODE

INGÉNIEUSE ET FACILE

Pour apprendre à lire en peu de tems, très-utile à la jeunesse, tant pour la lecture que pour la bonne ortographe, et très-commode pour les maîtres et maîtresses qui insiruisent les enfans;

SUIVI

D'UN TRAITÉ D'ORTOGRAPHE.

NOUVELLE ÉDITION.

A RENNES,

CHEZ COUSIN-DANELLE, IMPRIMEUR-LIBRAIRE.

1815.

Permis d'Imprimer.

A Rennes, le 7 août 1815.

† ÉT. CÉL. ÉNOCH,

Evéque de Rennes.

Lettres courantes Romaines.

a, b, c, d, e, é,
è, ê, f, g, h, i, j,
k, l, m, n, o, p, q, r,
s, t, u, v, x, y, z, &,
ct, æ, œ.

Lettres capitales Romaines.

A, B, C, D, E, F, G,
H, I, J, K, L, M, N,
O, P, Q, R, S, T, U,
V, X, Y, Z, Æ, Œ.

Lettres courantes Italiques.

*a, b, c, d, e, é, è, ê, f, g, h, i, j,
k, l, m, n, o, p, q, r, s, t, u, v,
x, y, z, œ, œ.*

Lettres capitales Italiques.

*A, B, C, D, E, F, G, H, I, J,
K, L, M, N, O, P, Q, R, S, T,
U, V, X, Y, Z, Æ, OE.*

---

*Les cinq voyelles, dont chacune
forme un son ou une syllabe.*

L'y grec n'est autre chose qu'un i.

a, e, i, y, o, u.   *a, e, i, y, o, u.*

Les dix-neuf consonnes qui ne font point de syllabes, si elles ne sont jointes à une des voyelles.

b c d f g h j k l m n p q r s t v x z.

b c d f g h j k l m n p q r s t v x z.

~~~~~~

Lettres liées ensemble.

ct & ſſ ff ſl fl ſt ſſi ffi ſi fi æ œ.

ct & ſſ ff ſl fl ſb ſt ſſi ſi ffi fi æ œ.

~~~~~~

Signes d'abréviations.

ã   *vaut*   am,   ou   an.

e	vaut	em,	ou	en.
i	vaut	im,	ou	in.
o	vaut	om,	ou	on.
u	vaut	um,	ou	un.

Lettres Françaises ou rondes.

a, b, c, d, e, f, g, h, i, j, k, l, m, n,
o, p, q, r, s, t, u, v, x, y, z, ff, fl, ffl,
ffi, fi, œ, œ.

Capitales.

A, B, C, D, E, F, G, H, I, J, K, L, M,
N, O, P, Q, R, S, T, U, V, X, Y, Z.

Six Voyelles.

a, e, i, o, u, y.

Dix-neuf Consonnes.

b, c, d, f, g, h, j, k, l, m, n, p, q, r, s,
t, v, x, z.

Onze Muettes.

bé, cé, dé, es, gé, jé, ka, pé, qu, té, ré.

a, e, i, o, u, sans le secours d'aucune autre lettre, font un son ou une syllabe.

Syllabes de deux Lettres.

Ba be bé bê bi bo bu.

Ca ce cé cê ci co cu.

Da de dé dê di do du.

Fa fe fé fê fi fo fu.

Ga ge gé gê gi go gu.

Ha he hé hê hi ho hu.

Ja je jé jê ji jo ju.

La le lé lê li lo lu.

Ma me mé mê mi mo mu.

Na ne né nê ni no nu.

Pa pe pé pê pi po pu.

Ra re ré rê ri ro ru.

Sa se sé sê si so su.

Ta te té tê ti to tu.

Va ve vé vê vi vo vu.

Xa xe xé xê xi xo xu.

Za ze zé zê zi zo zu.

Syllabes de trois Lettres.

Bla ble blé blê bli blo blu.

Bra bre bré brê bri bro bru.

Cha che chẻ chê chi cho chu.

Cla cle clé clê cli clo clu.

Cra cre cré crê cri cro cru.

Dra dre dré drê dri dro dru.

Fla fle flé flê fli flo flu.

Fra fre fré frê fri fro fru.

Gla gle glé glê gli glo glu.

Gra gre gré grê gri gro gru.

Gua gue gué guê gui guo guu.

Pha phe phé phê phi pho phu.

Pla ple plé plê pli plo plu.

Pra pre pré prê pri pro pru.

Qua que qué quê qui quo quu.

Spa spe spé spê spi spo spu.

Sta ste sté stê sti sto stu.

Tla tle tlé tlê tli tlo tlu.
Tra tre tré trê tri tro tru.
Vla vle vlé vlê vli vlo vlu.
Vra vre vré vrê vri vro vru.

Syllabes de quatre et cinq Lettres.

Bail beils bins bons burs.
Cais cens cins cors crus.
Chra chre chri chro chru.
Dais dens dins dont duns.
Font fers fint fort furt.
Gard gers gins gons guet.
Hail heis heins hours hues.
Jais j'eus j'ins j'obs just.
Lains lens lins lons lues.
Mais mens mins mons murs.
Nain ners nirs noies nues.
Pais pens pins pont purs.
Quais ques quin qu'on qu'un.

Rait reil rins rons ruts.
Sain sans sins sont stru.
Vair vens vins vont vues.

Syllabes de deux Lettres.

Ba be bé bè bi bo bu.
Ca ce cé cè ci co cu.
Da de dé dè di do du.
Fa fe fé fè fi fo fu.
Ga ge gé gè gi go gu.
Ha he hé hè hi ho hu.
Ja je jé jè ji jo ju.
La le lé lè li lo lu.
Ma me mé mè mi mo mu.
Na ne né nè ni no nu.
Pa pe pé pè pi po pu.
Ra re ré rè ri ro ru.
Sa se sé sè si so su.
Ta te té tè ti to tu.

Va ve vé vè vi vo vu.

Xa xe xé xè xi xo xu.

Za ze zé zè zi zo zu.

Syllabes de trois Lettres.

Bla ble blé bli blo blu.

Bra bre bré bri bro bru.

Cha che ché chi cho chu.

Cla cle clé cli clo clu.

Cra cre cré cri cro cru.

Dra dre dré dri dro dru.

Fla fle flé fli flo flu.

Fra fre fré fri fro fru.

Gla gle glé gli glo glu.

Gra gre gré gri gro gru.

Gua gue gué gui guo guu.

Pha phe phé phi pho phu.

Pra pre pré pri pro pru.

Qua que qué qui quo quu.

Spa spe spé spi spo spu.

Sta ste sté sti sto stu.

Tla tle tlé tli tlo tlu.

Tra tre tré tri tro tru.

Vla vle vlé vli vlo vlu.

Vra vre vré vri vro vru.

———————✺———————

Vous venez de voir les Syllabes qui sont un amas de Lettres qui forment un son. Toutes les dix-neuf Consonnes ne font aucun son sans le secours d'une des Voyelles, qui sont a, e, i, o, u.

Les sept demandes de l'Oraison Dominicale.

1. No-TRE pè-re qui ê-tes dans les Ci-eux, que vo-tre nom soit sanc-ti-fié.
2. Que vo-tre rè-gne ar-ri-ve.
3. Que vo-tre vo-lon-té soit fai-te en la ter-re com-me au Ci-el.
4. Don-nez-nous au-jour-d'hui no-tre pain quo-ti-di-en.
5. Et nous par-don-nez nos of-fen-ses com-me nous les par-don-nons à ceux qui nous ont of-fen-sés.

6. Et ne nous a-ban-don-nez point à la ten-ta-ti-on.

7. Mais dé-li-vrez-nous du mal. Ain-si soit-il.

~~~~~~~~~~~~~~~~~~~~~~~~~~

La Salutation Angélique.

JE vous sa-lu-e, Ma-ri-e plei-ne de grâ-ce, le Sei-gneur est a-vec vous, vous ê-tes bé-ni-e en-tre tou-tes les fem-mes, et Jé-sus, le fru-it de vo-tre ven-tre, est bé-ni.

Prière à la Sainte Vierge.

Sain-te Ma-ri-e, mè-re de Di-eu, pri-ez pour nous, pau-vres pé-cheurs, main-te-nant et à l'heu-re de no-tre mort. Ain-si soit-il.

Les douze articles du Symbole ou de la Foi.

1. Je crois en Di-eu le Pè-re tout puis-sant, Cré-a-teur du Ci-el et de la ter-re.

2. Et en Jé-sus-Christ son fils u-ni-que, no-tre Sei-gneur.

3. Qui a é-té con-çu du Saint-Es-prit, et est né de la Vi-er-ge Ma-ri-e.

4. Qui a souf-fert sous Pon-ce-Pi-la-te, a é-té cru-ci-fi-é, est mort et a é-té en-sé-ve-li.

5. Est des-cen-du aux en-fers; le troi-si-è-me jour est res-sus-ci-té des morts.

6. Est mon-té aux Ci-eux, est as-

sis à la droi-te de Di-eu le Pè-re tout-puis-sant.

7. De-là il vi-en-dra ju-ger les vi-vans et les morts.

8. Je crois au Saint-Es-prit.

9. La Sain-te E-gli-se Ca-tho-li-que, la Com-mu-ni-on des Saints.

10. La ré-mis-sion des pé-chés.

11. La ré-sur-rec-ti-on de la chair.

12. La vi-e é-ter-nel-le.

Un Enfant Chrétien doit voir cha-que jour en quoi il fait mal.

JE me con-fes-se à Di-eu tout-puis-sant, à la bi-en-heu-reu-se Ma-ri-e tou-jours Vi-er-ge, à Saint-Jean-Bap-tis-te, aux A-pô-tres

2

Saint Pi-er-re et Saint Paul, à tous les Saints, et à vous mon pè-re, par-ce que j'ai beau-coup pé-ché, par pen-sées, par pa-ro-les et ac-ti-ons. Par ma fau-te, par ma fau-te, par ma très-gran-de fau-te. C'est pour-quoi je sup-pli-e la bi-en-heu-reu-se Ma-ri-e, tou-jours Vi-er-ge, Saint Mi-chel-Ar-chan-ge, Saint Jean-Bap-tis-te, les A-pô-tres Saint Pi-er-re et Saint Paul, tous les Saints, et vous mon Pè-re, de pri-er pour moi le Sei-gneur no-tre Di-eu.

Que le Sei-gneur tout-puis-sant et tout mi-sé-ri-cor-di-eux nous ac-cor-de le par-don, l'ab-so-lu-ti-on et la ré-mis-si-on de nos pé-chés. Ain-si soit-il.

Les dix Commandemens de Dieu

1. Un seul Di-eu tu a-do-re-ras, et ai-me-ras par-fai-te-ment.

2. Di-eu en vain tu ne ju-re-ras, ni au-tre cho-se pa-reil-le-ment.

3. Les di-man ches tu gar-de-ras en ser-vant Di-eu dé-vo-te-ment.

4. Tes pè-res et mè-res ho-no-re-ras, a-fin que tu vi-ves lon-gue-ment.

5. Ho-mi-ci-de point ne se-ras, de fait ni vo-lon-tai-re-ment.

6. Im-pu-di-que point ne se-ras, de corps ni de con-sen-te-ment.

7. Les bi-ens d'au-tru-i tu ne pren-dras, ni re-ti-en-dras in-jus-te-ment.

8. Faux té-moi-gna-ge ne di-ras,
ni men-ti-ras au-cu-ne-ment.

9. La fem-me ne con-voi-te-ras, de
ton pro-chain char-nel-le-ment.

10. Bi-ens d'au-tru-i ne dé-si-re-ras
pour les a-voir in-jus-te-ment.

Les six Commandemens de l'Eglise.

1. LES Di-man-ches Mes-se en-
ten-dras, et Fê-tes de com-man-
de-ment.

2. Les Fê-tes tu sanc-ti-fi-e-ras, qui
te sont de com-man-de-ment.

3. Tous tes pé-chés con-fes-se-ras,
à tout le moins u-ne fois l'an.

4. Ton Cré-a-teur tu re-ce-vras
au moins à Pâ-ques hum-ble-
ment,

5. Qua-tre tems et Vi-gi-les jeu-
ne-ras, et le Ca-rê-me en-ti-è-
re-ment.

6. Ven-dre-di chair ne man-ge-ras,
ni le sa-me-di mê-me-ment.

---

*C'est une espèce d'impiété de man-
ger sans invoquer le nom de
Dieu.*

Bé-nis-sez-nous, Sei-gneur, et ce
que vous nous don-nez pour la
nour-ri-ture de nos corps; fai-tes-
nous la grâ-ce d'en u-ser so-bre-
ment. Au nom du Pè-re et du Fils
et du Saint-Es-prit. Ain-si soit-il.

Il y a de l'ingratitude à ne pas remercier Dieu après le repas.

Sei-gneur Di-eu, nous vous re-mer-ci-ons de ce qu'il vous a plu nous don-ner pour la nour-ri-tu-re de no-tre corps; con-ser-vez vo-tre grâ-ce dans nos â-mes, a-fin que nous puis-si-ons vous voir, vous lou-er et vous ai-mer dans tou-te l'é-ter-ni-té.

Que les â-mes des fi-dè-les re-po-sent en paix par la mi-sé-ri-cor-de de Di-eu. Ain-si soit-il.

Mon cher enfant, vous connaissez vos lettres, vous savez épeler
des syllabes et des mots ; il faut
maintenant apprendre à lire. Travaillez à cela avec courage, pour
devenir un bon Chrétien, un bon
Citoyen, et pour savoir mettre ordre à vos affaires.

Faites usage de votre raison, et
concevez que Dieu vous a créé pour
le connaître, l'aimer et le servir,
et par ce moyen arriver à la vie
éternelle.

Il faut auparavant passer par

cette vie mortelle où vous voyez et verrez que l'on a bien de la peine.

On vous apprendra comment, depuis le péché originel, Dieu a condamné tous les hommes au travail.

Celui qui ne travaille point et ne veut point travailler, ne sert pas Dieu, et ne l'aime point; car une telle paresse est un péché mortel.

L'homme est né pour travailler, comme l'oiseau pour voler.

Celui qui ne veut point travailler n'est pas digne de manger.

Qui est oisif dans sa jeunesse, travaillera dans sa vieillesse.

Vous ne savez, mon cher Enfant, si votre vie sera courte ou longue.

Travaillez comme si vous deviez vivre long-tems.

Vivez comme si vous deviez mourir bientôt.

Vos parens vous ont donné la naissance, ils ont pris bien de la peine pour vous, pendant que vous ne pouviez ni marcher ni parler.

Vos bons et chers parens vous fournissent la nourriture, le vêtement et toutes choses.

Vos aimables parens espèrent présentement que vous apprendrez ce qui vous est nécessaire pendant le cours de notre vie.

Cette vie est pleine d'affaires et d'embarras, qui vous causeront de la peine, si vous ne savez bien parler, bien lire et bien écrire.

On estime une personne qui sait bien parler, bien lire et bien écrire; on dit qu'elle a reçu une bonne éducation.

Celui qui ne sait point ces choses, est regardé comme un homme de néant. On se moque de celui qui parle mal. Celui qui ne sait point lire est aveugle la moitié du tems. De quoi est-on capable, quand on ne sait point écrire ?

Ecoutez avec respect et avec attention ceux qui vous enseignent; ne les attristez point, ne les faites point mettre en colère : s'ils sont obligés de vous châtier, recevez la correction avec humilité. Le Saint-

Esprit a dit que la folie est attachée au cou de l'enfant, et que la verge et la correction la chasseront. Regardez-les comme des Envoyés de Dieu, pour vous donner l'éducation souverainement nécessaire, et la plus douce consolation des misères de la vie.

~~~~~~~~~~~~~~~~~~~~~~~~~

Les livres sont faits pour votre instruction.

Tous les livres sont composés de vingt-cinq lettres.

Ces six lettres, a, e, i, o, u, y, sont des voyelles, parce que chacune fait un son ou une syllabe.

Ces dix-neuf lettres, b, c, d,

f, g, h, j, k, l, m, n, p, q, r, s, t, v, x, z, sont des consonnes, parce qu'elles ne signifient rien, si elles ne sont mises avec une des cinq voyelles.

Avec ces vingt-cinq lettres on fait des syllabes et des mots.

Une syllabe, c'est plusieurs lettres ensemble, qui font un son, ba, ce, di, fo, gu, etc. sont des syllabes.

Accoutumez-vous à bien prononcer les syllabes; cela est important pour l'écriture.

Il faut, mon cher Enfant, à présent, connaître la Ponctuation et tous les Accens, pour savoir lire et écrire correctement et avec grâce.

Les trois Accens, ou Esprits.

Cet Accent ´ s'appèle *Aigu.*
Cet Accent ` s'appèle *Grave.*
Cet Accent ^ s'appèle *Circon-flexe.*

Cette figure (') *entre deux Lettres, s'appèle* Apostrophe, *et tient lieu d'un* a *ou d'un* e *qui est retranché.*

L'a, l'e, l'i, l'o, l'u, l'âme, etc.

Cette figure (-) s'appèle *Trait d'union.*

Très-beau, très-bon, très-cher.

De la Ponctuation.

Cette figure (,) s'appèle *Virgule*.

Cette figure (;) s'appèle *Point et Virgule*, ou *Petit Qué*.

Cette figure (:) s'appèle *deux Points* ou *Coma*.

Cette figure (.) s'appèle *Point*.

Cette figure (!) s'appèle *Point admiratif*.

Cette figure (?) s'appèle *Point interrogatif*.

ë, ï, ü *Trema*.

Voilà les différens caractères.

USAGES DES ACCENS.

L'Accent aigu se met sur les é fermés, *préparé, aimé, loué, adoré, jugé*, etc.

Dans les mots ou noms qui ont deux ée à la fin, on met l'accent aigu sur le premier, *aimée, aînée, louée, adorée.*

L'Accent grave se met sur *à*, qui est préposition; *à Pierre, à Paul, à côté, à travers, à venir, à faire*, etc.

L'Accent grave se met sur l'a qui

marque quelque lieu : *il est là, il va là,* etc.

L'Accent grave ne se met point sur la troisième personne du verbe *Avoir; a fait, a dit, a voulu, a concu,* etc.

L'Accent grave se met sur *où,* quand il signifie quelque lieu ; *où est-il, où va-t-il,* etc.

L'Accent grave se met sur *è* qui est à la fin de certains mots qui se prononcent comme ceux-ci, *accès, procès,* etc.

L'Accent circonflexe se met sur les syllables dont la prononciation est longue, *blâme, être, abîme, prône, goût.* Cet accent circonflexe tient lieu d'une *s* que l'on y mettait autrefois.

USAGE DE L'APOSTROPHE.

L'Apostrophe marque la suppression d'une de ces trois lettres *a*, *e* muet et *i*.

A et *e* se retranchent dans *le, la* article, *me, te, se, de, ne, que, ce,* quand le mot qui doit suivre commence par une voyelle ou une *h* muette, et alors à la place de l'*a* ou de l'*e* on met l'apostrophe : *l'amitié, l'harmonie, l'image, l'homme. J'aime l'enfant qui s'applique à l'étude. Qu'il est agréable d'être utile !*

5

USAGE DES LETTRES CAPITALES.

Il faut mettre une lettre capitale au nom de Dieu. On écrit ainsi Jesus-Christ.

On met une lettre capitale à tous les noms propres.

Noms propres : Pierre, Marie, Epa-minondas, etc.

de Royaumes : la France, etc.

de Villes : Paris, Rouen, etc.

de Rivières : la Seine, etc.

de Dignités : Roi, Evêque, Président, Conseiller, etc.

d'Arts : Imprimeur, Peintre, etc.

de Métiers : Mercier, Pâtissier, etc.

Noms de Fêtes : Pâques, Pente-
côte, etc.

     de Jours : Lundi, Mardi, etc.

     de Mois: Janvier, Février, etc.

Tout écrit ou discours, de quelque nature qu'il soit, se commence
par une lettre capitale.

On met une lettre capitale après
un point, lorsqu'on commence une
nouvelle phrase.

Toutes les fois qu'on recom-
mence à la ligne, on met une lettre capitale.

Tous les vers se commencent par
une lettre capitale.

Pour lire avec bonne grâce, on
vous apprendra que les mots qui
finissent par une consonne, quand
ils sont devant d'autres mots qui

commencent par une voyelle, doivent être prononcés comme si les deux mots n'en faisaient qu'un. Exemple : *mon âme, mon esprit, tout esprit, vont avec, vont ensemble*, et autres semblables.

~~~~~~~~~~~~~~~~~~~~~~~~

ORAISON UNIVERSELLE.

M<small>ON</small> Dieu, je crois en vous, mais fortifiez ma foi ; j'espère en vous, mais assurez mon espérance ; je vous aime, mais redoublez mon amour ; je me repens d'avoir péché, mais augmentez mon repentir.

Je vous adore comme mon premier principe, je vous désire comme ma dernière fin, je vous remercie comme mon bienfaiteur perpétuel, je vous invoque comme mon souverain défenseur.

Mon Dieu, daignez me régler par votre sagesse, me contenir par votre justice, me consoler par votre miséricorde, me protéger par votre puissance.

Je vous consacre mes pensées, mes paroles, mes actions et mes souffrances, afin que désormais je pense à vous, je parle de vous, j'agisse selon vous, et je souffre pour vous. Seigneur, je veux ce que vous voulez, comme vous le voulez, et autant que vous le voulez.

Je vous prie d'éclairer mon entendement, d'embrâser ma volonté, de purifier mon corps, et de sanctifier mon âme.

Mon Dieu, animez-moi à expier mes offenses passées, à surmonter mes tentations à l'avenir, à corriger les passions qui me dominent, et à pratiquer les vertus qui me conviennent.

Remplissez mon cœur de tendresse pour vos bontés, d'aversion pour mes défauts, de zèle pour mon prochain, de mépris pour le monde.

Qu'il me souvienne, Seigneur, d'être soumis à mes supérieurs, charitable envers mes inférieurs, fidèle à mes amis, indulgent envers mes ennemis.

Venez à mon secours, pour vincre la volupté par la mortification, l'avarice par l'aumône, la colère par la douceur, et la tiédeur par la dévotion.

Mon Dieu, rendez-moi prudent dans mes entreprises, courageux dans les dangers, patient dans les traverses, et humble dans les succès.

Ne me laissez jamais oublier de joindre l'attention à mes prières, la tempérance à mes repas, l'exactitude à mes emplois, la constance à mes résolutions.

Seigneur, inspirez-moi le soin d'avoir toujours une conscience droite, un extérieur modeste, une conversation édifiante, et une conduite régulière.

Que je m'applique sans cesse à dompter la nature, à seconder la grâce, à garder la loi , et à mériter le salut.

Mon Dieu, découvrez-moi quelle est la petitesse de la terre, la grandeur du Ciel, la briéveté du tems et la longueur de l'éternité.

Faites que je me prépare à la mort, que je craigne votre jugement, que j'évite l'Enfer, et que j'obtienne le Paradis par les mérites de Notre Seigneur Jésus-Christ. Ainsi soit-il.

Paroles de Tobie à son Fils.

Mon Fils, écoutez mes paroles, et mettez-les dans votre cœur comme le fondement de votre salut.

Ayez Dieu présent à l'esprit durant tous les jours de votre vie, et prenez garde de ne consentir jamais au péché, et de ne violer jamais la loi du Seigneur notre Dieu.

Faites l'aumône de votre bien, et ne détournez point vos yeux d'aucun pauvre ; et par-là vous mériterez que Dieu aussi ne détourne point ses regards favorables de dessus vous ; soyez miséricordieux et charitable autant que vous le pouvez ; si vous avez beaucoup de bien, donnez beaucoup; si vous avez peu, ne laissez pas de faire part aux pauvres, de bon cœur et avec joie, de ce que vous avez ; car par-là vous vous amasserez un riche trésor et une grande récompense pour le jour de la nécessité, parce que l'aumône délivre de tout péché et de la mort, et empêche l'âme de tomber dans les ténèbres. L'aumône sera un sujet de grande confiance devant Dieu, à tous ceux qui l'auront pratiquée.

Prenez garde, mon Fils, de commettre d'impuretés, demandez sans cesse au Seigneur la grâce de conserver la pureté du corps et de l'esprit.

Celui qui a la conscience pure , ne doit pas craindre les illusions du démon.

Ne souffrez point que l'orgueil s'empare de votre cœur, ni qu'il ait rien d'élevé et de superbe dans vos pensées, ou dans vos paroles ; car c'est par l'orgueil que tout le mal est venu dans le monde.

Aussitôt que quelqu'un aura travaillé pour vous, rendez-lui ce que mérite son travail, et ne retenez jamais la récompense qui est due à ceux qui vous ont rendu service.

Ne faites jamais à personne ce que vous ne voudriez pas qu'on vous fît.

Mangez votre pain avec ceux qui ont faim, et qui sont dans l'indigence, et couvrez de vos vêtemens ceux qui sont nuds.

Ne faites rien sans le conseil d'un homme sage et prudent.

Bénissez Dieu en tout tems, et priez-le que lui-même conduise vos pas dans la sainte voie, et remettez entre ses mains tous vos desseins et toutes vos entreprises.

Ne craignons point, mon Fils, nous sommes pauvres, mais nous aurons assez de bien si nous craignons Dieu, si nous nous abstenons de tous péchés, et si nous faisons de bonnes œuvres.

Quelques avis de Saint Louis à son Fils.

Mon fils, la première chose que je vous enseigne et que je vous demande, c'est d'aimer Dieu de tout votre cœur, et par-dessus toutes choses ; car nul homme ne peut être sauvé sans cela.

Donnez-vous bien de garde de rien faire qui lui déplaise, c'est-à-dire, de pécher ; car vous devez désirer de souffrir plutôt toutes sortes de tourmens, que de commettre un seul péché mortel.

Si Dieu vous envoie quelque adversité, recevez-la de bon cœur, rendez-lui en grâces, et pensez que

vous l'avez bien méritée en désobéissant à Dieu, et que tout tour-
nera à votre avantage.

S'il vous donne des prospérités,
rendez-lui de très-humbles actions
de grâces, et prenez garde de n'en
devenir pire par orgueil ni autrement; car il ne faut point se servir
des dons que Dieu nous a faits,
pour lui faire la guerre.

Confessez-vous souvent et choi-
sissez un Confesseur habile, d'une
vertu, d'une sagesse reconnue, et
qui puisse vous donner des maxi-
mes assurées, et vous apprendre
des choses que vous devez faire
pour le salut de votre âme.

Assistez avec dévotion au service
de Dieu, et de la Sainte Eglise no-

tre Mère; priez-y de cœur et de bouche, principalement après la consécration du corps de notre Seigneur, sans parler à qui que ce soit.

Ayez le cœur doux et rempli de compassion pour les pauvres; aidez-les autant que vous le pourrez.

Ne fréquentez que des gens sages, vertueux et de probité reconnue; fuyez la compagnie des méchans.

Efforcez-vous d'écouter la parole de Dieu; gravez-la dans votre cœur.

Ne perdez jamais l'occasion d'aller aux prières, aux dévotions publiques, et donnez-y bon exemple.

Ne permettez jamais qu'on dise

rien contre le respect dû à Dieu, à sa Sainte Mère, aux Saints et Saintes.

Remerciez souvent Dieu des biens et des heureux succès qu'il vous donnera.

Faites une dépense raisonnable et modérée en votre maison, et retranchez-y tout excès.

Portez honneur, respect et soumission à votre Père et à votre Mère : prenez bien garde de les courroucer, en désobéissant à leurs bons commandemens, mais plutôt suivez leurs avis salutaires.

Mon Fils, je vous supplie de vous souvenir de moi et de ma pauvre âme, de me secourir par messes, prières, oraisons, aumônes et autres bonnes œuvres, et de m'accorder part à toutes les pieuses actions de votre vie.

Je vous donne toutes les bénédictions qu'un Père peut donner à son Fils ; je prie la Très-Sainte-Trinité, le Père, le Fils et le Saint-Esprit, de vous garder et de vous préserver de tout mal, et principalement de mourir en péché mortel, afin que nous puissions, après cette vie, être ensemble devant Dieu, jouir de la béatitude éternelle qu'il prépare à ceux qui observent fidèlement ses divins commandemens, et lui rendre grâces et louanges sans fin, dans son Royaume de Paradis. Ainsi soit-il.

~~~~~~~~~~~~~~~~~~~~~~~~~~~~~~~~

INSTRUCTION
POUR LA JEUNESSE.

Du Lever.

Aussitôt que vous serez éveillé, commencez la première action de la journée par le signe de la croix, et que la première parole que vous proférerez soit les noms de Jésus et de Marie. Ensuite vous vous offrirez à Dieu en ces termes ou autres semblables : Mon Dieu, je vous offre mon cœur, mes pensées, et toutes les actions de ce jour pour votre gloire.

Levez-vous promptement pour vous appliquer au service de Dieu, au travail; gardez la modestie en vous habillant, et donnez-vous de garde de rien faire contre la bienséance et l'honnêteté.

Dès que vous serez habillé, prosternez-vous devant Dieu, et adorez votre Créateur avec une profonde humilité, en disant les paroles suivantes : Je vous adore, ô mon Dieu, Père, Fils et Saint-Esprit; me voici tout prêt à exécuter vos ordres; faites-moi la grâce de mourir plutôt que de rien faire aujourd'hui qui puisse vous déplaire.

De la prière du matin dépend tout le succès des actions de la journée. Un Chrétien qui n'a pas prié Dieu, comme il est obligé de le faire d'abord qu'il est levé, succombe facilement aux tentations.

Donnez-vous donc bien de garde de manquer à ce devoir, sous quelque prétexte que ce soit; car l'affaire la plus importante que vous ayez en ce monde, est celle de votre salut. A quoi vous serviront toutes les sciences humaines, si vous venez à perdre votre âme ?

Après vous être habillé, mettez-vous à genoux en présence de Dieu, devant qui toutes les puissances du Ciel tremblent; tenez les mains jointes, les yeux baissés avec modestie, vous regardant comme un néant devant une si haute Majesté.

Ayez enfin une singulière attention à tout ce que vous dites; autrement vos prières ne peuvent être agréables à Dieu.

De l'Étude.

C'EST la volonté de Dieu que vous employiez le tems à l'étude; c'est aussi la volonté de vos parens. Vous ne pouvez donc pas vous occuper à autre chose, à moins que de vouloir désobéir à Dieu et à ceux auxquels vous devez une entière obéissance, sous peine de péché.

Vous voyez ce que font vos parens pour votre éducation ; les soins qu'ils prennent pour vous faire apprendre quelque chose ; les dépenses qu'ils font pour vous entretenir dans vos études. Après tout cela, pouvez-vous perdre le tems, qui vous est d'ailleurs si précieux dans l'âge où vous êtes? Vous devez vous en faire un très-grand scrupule, quoique cela ne vous semble qu'une bagatelle.

Du tems que vous devez employer maintenant à l'étude, dépend tout le reste de votre vie. Si vous étudiez bien présentement, vous aurez un jour de la joie d'avoir travaillé pendant votre jeunesse ; mais si vous perdez le tems, vous n'aurez que du chagrin et un sensible regret de voir que, par votre peu de capacité, vous êtes méprisé des honnêtes gens, étant incapable d'exercer les charges honorables auxquelles on vous destinait. Sachez, de plus, que l'ignorance est ordinairement suivie de l'oisiveté, qui est la source de tous les vices, et la cause de la perte éternelle de l'âme.

Avant que de vous mettre à l'étude, offrez cette action à Dieu, et invoquez l'assistance du Saint-Esprit, qui est la source de toutes les sciences. Une petite élévation de cœur suffira en faisant l'acte suivant : Je vous offre, ô mon Dieu, ce petit travail pour votre plus grande gloire. O Esprit Divin ! éclairez-moi de votre lumière !

Appliquez - vous soigneusement à votre devoir, n'écoutez pas les sentimens de la nature, qui ne demande que le repos, et qui ne soupire qu'après le divertissement. Fuyez donc la paresse, et ne songez qu'à faire votre devoir, parce que Dieu le veut, et de la façon qu'il le veut.

Du devoir des enfans envers leurs parens.

Vous devez quatre choses à vos parens, qui sont l'amour, le respect, l'obéissance et l'assistance, tant dans les nécessités spirituelles que corporelles; ce sont des devoirs dont vous ne pouvez jamais vous dispenser; Dieu vous y oblige par un commandement exprès, et c'est le quatrième du Décalogue. Il ne faut qu'être homme raisonnable, sans qu'il soit nécessaire d'être Chrétien, pour rendre à nos pères et mères ce qui leur est dû.

L'amour des parens envers leurs enfans est un puissant motif pour exciter les mêmes enfans à les aimer d'un amour réciproque. Est-il un amour aussi tendre, aussi ardent et aussi constant que l'est celui d'un père et d'une mère envers leurs enfans? Cette tendresse dure jusqu'au tombeau.

Que de peines pour leur procurer dès leur bas âge une bonne éducation! que d'inquiétude et de chagrin dans leurs maladies! quelle patience à supporter leurs faiblesses et leurs infirmités! Cela passe tout ce qu'on en peut dire. Tobie ne se servit point d'autre argument pour porter son fils au respect, à l'obéissance qu'il devait rendre à sa mère pendant tout le tems de sa vie.

Ce vous sera encore un puissant motif pour vous acquitter de votre devoir
envers vos parens, si vous faites réflexion aux justes ressentimens que
Dieu fait paraître dans l'Ecriture, contre les enfans qui manquent de respect
envers ceux de qui ils ont reçu la vie. Il
leur donne sa malédiction. Maudit soit
l'enfant, dit-il dans le Deutéronome,
qui n'honore pas son père et sa mère.
Que l'œil de l'enfant qui se sera moqué
de son père, et qui aura méprisé sa
mère, dit-il par la bouche du Sage,
soit dévoré par les corbeaux et par les
aigles. Il veut encore, dans l'Exode,
que l'enfant rebelle et désobéissant,
qui s'adonne à l'ivrognerie et à la
luxure, sans se mettre en peine des
avertissemens de son père, soit lapidé
par le peuple. Enfin, il porte encore
sentence de mort contre celui qui aura

été assez téméraire pour lever la main
sur son père ou sa mère , ou qui les
aura maudits. Au contraire, ne promet-
il pas sa bénédiction, sa protection, sa
faveur, une longue vie, en un mot
toutes sortes de biens, à celui qui aura
honoré ses parens, comme il doit, pendant toute sa vie ?

Pratique.

EFFORCEZ-vous de rendre à vos parens tous les devoirs que je viens de
vous enseigner, pendant tout le tems
qu'il plaira à Dieu de leur conserver la vie. La nature et la loi de Dieu
vous y obligent, non seulement en
votre jeunesse, mais encore quand
vous serez plus avancé en âge. Il
n'y a point d'âge, d'état ni de condi-

tion, telle qu'elle puisse être, qui vous en puisse dispenser. Quelque chose que votre père vous dise, vous devez toujours l'aimer; quelque chose qu'il vous fasse, vous ne devez jamais manquer de respect; quelque chose qu'il vous commande, vous devez obéir aveuglément et promptement, sans murmurer, sans dépit, sans chagrin, à moins qu'il ne vous commande quelque chose qui soit directement contre la loi de Dieu; car alors il faut préférer le commandement du Créateur à celui de la créature.

Donnez-vous bien de garde de vous laisser aller à tous les mouvemens de la nature corrompue, qui fait que les enfans de votre âge ont ordinairement de la peine à supporter patiemment les avertissemens paternels et les avis salutaires que leurs parens sont souvent obligés de leur donner, pour les corriger de leurs fautes. S'il arrive quelquefois qu'ils vous parlent avec aigreur, écoutez-les sans rien répondre mal-à-propos. S'ils vous reprennent de quelque faute avec un peu trop de sévérité, ne vous excusez point, et recevez avec humilité et modestie cette correction.

Vous me direz peut-être que vos parens sont fâcheux, chagrins et emportés, que la moindre faute les fait mettre en colère contre vous, et que pour une petite bagatelle, ils vous traitent trop rigoureusement. Je veux que cela soit; mais faites réflexion, je vous prie, que l'amour ne voit qu'avec regret les moindres défauts dans la personne aimée, et si votre père vous paraît si sévère, cela ne vient que de l'extrême désir qu'il a de voir parfait celui qu'il regarde comme un autre lui-même. Le Médecin, dit Saint Augustin, est fâcheux à un frénétique; il fait lier son malade, sans avoir égard à ses plaintes ni même à sa qualité : de même le père châtie sévèrement son fils, et lui fait sentir les effets de son indignation, pour le corriger de ses défauts; mais cette sévérité ne vient que d'un véritable et sincère amour. Je ne puis nier que les parens n'aient quelquefois de grandes imperfections, et l'expérience ne nous le fait que trop connaître; mais si la charité nous oblige de supporter patiemment les défauts de notre prochain, cette obligation n'est-elle pas plus grande à un fils à l'égard de son père, de qui il a reçu la vie, et tout ce qu'il possède ? Supportez donc constamment leurs chagrins, leurs

mauvaises humeurs, et toutes les autres faiblesses naturelles , qui accòm-
pagnent ordinairement un grand âge.

Il y a très-peu d'enfans qui aiment
leurs parens d'un sincère et véritable
amour. Plusieurs n'agissent que par in-
térêt et par amour-propre ; s'ils leur té-
moignent de l'affection, ce n'est qu'en
vue du bien qu'ils en espèrent ; car à
peine ont-ils obtenu la meilleure part
de l'héritage, qu'il n'y a plus en eux ni
amour, ni, respect, ni obéissance. Il
y en a de si dénaturés, qu'ils ne soupi-
rent qu'après la mort de ceux dont
ils ont reçu la vie, pour s'enrichir de
leurs dépouilles. On en voit même de
si barbares, qu'ils tâchent d'avoir par
force le peu que leurs parens ont ré-
servé pour leur entretien dans leur
vieillesse ; ils se servent pour cet effet
du manteau de la Justice, pour couvrir

leur inhumanité. Ils leur intentent procès, au grand scandale d'un chacun,
et des Juges même, et ils n'ont point
de repos qu'ils ne leur aient enlevé par
leurs chicanes le peu qui leur reste pour
leur subsistance. Ce désordre n'est aujourd'hui que trop fréquent ; on en-
tend presque tous les jours plaider
dans le barreau de semblables causes.

Il y en a qui, par dissimulation, sa-
vent garder les apparences jusqu'à
la fin, pour mieux ménager leurs
propres intérêts, et pour venir à bout
de leurs prétentions ; mais à peine
leurs parens ont-ils les yeux fermés,
qu'ils ne s'en souviennent plus, ou
s'ils s'en souviennent, ce n'est que
pour blâmer leur conduite, quoi-
qu'elle n'ait été souvent que trop
avantageuse à leur égard, au préjudice des autres héritiers. N'imitez pas

ces esprits ingrats et dénaturés, mais souvenez-vous que vous êtes obligé de témoigner un parfait et constant amour à vos parens, même après leur mort, en priant et faisant prier Dieu pour le repos de leurs âmes. Souvenez-vous qu'ils sont peut-être tourmentés dans le purgatoire, pour vous avoir trop tendrement aimé en cette vie.

PRINCIPES

DE LA VIE SPIRITUELLE.

TROISIÈME PARTIE.

*Des vertus qu'on doit acquérir et pra-
tiquer toute sa vie.*

De l'amour de Dieu.

V ous devez aimer Dieu de tout
votre cœur : vous en avez un pré-
cepte qui vous y oblige sous peine de

5

damnation, et c'est l'unique fin pour laquelle vous êtes au monde. Le soleil n'a été créé que pour nous éclairer de sa lumière ; la terre ne subsiste que pour notre nourriture : en un mot, toutes les créatures n'ont été tirées du néant et n'ont reçu l'être, que pour nous rendre service ; et c'est leur fin et leur perfection. Il n'en est pas de même de la créature raisonnable ; l'homme n'est pas né pour l'homme ; il n'a été formé des mains de Dieu que pour Dieu ; il n'a un esprit que pour le connaître, et un cœur que pour l'aimer ; et ce cœur, il n'y a que Dieu qui puisse le remplir ; ni l'amour des créatures, ni la jouissance de tous les biens et de tous les plaisirs de cette vie mortelle, ne peuvent le contenter : il est dans un perpétuel mouvement et dans une continuelle inquiètude, dit Saint-Augustin, à moins qu'il n'aime uniquement et parfaitement son Créateur.

Mais pourquoi ne l'aimeriez-vous pas de tout votre cœur, puisque par sa divine puissance il vous a tiré de l'abîme du néant, pour vous créer à son image, et pour vous faire héritier et participant de sa gloire? C'est lui qui vous a fait naître dans un Royaume très-chrétien et de parens catholiques; c'est lui qui vous a donné tout ce que vous possédez en cette vie, les biens corporels pour l'entretien du corps, les biens spirituels pour la nourriture spirituelle de votre âme. Qu'avez-vous, dit l'Apôtre, que vous n'ayiez reçu de la pure libéralité de Dieu? Il vous a tant aimé qu'il vous a donné son Fils unique pour servir de modèle en cette vie, de conducteur dans le chemin du

Ciel, et de caution qui doit satisfaire, par l'effusion de tout son sang, pour la multitude de vos péchés. Il vous a donné le Saint-Esprit pour vous exciter à son amour par l'effusion de ses grâces, pour vous enrichir dans votre pauvreté, pour vous consoler dans vos afflictions, et pour vous impétrer tous les secours du Ciel, dont vous avez besoin dans cette vallée de larmes. Enfin, il se donne tout à vous, et, pour toute récompense de ce bienfait, il ne vous demande que votre cœur : seriez-vous donc assez ingrat pour le lui refuser ?

Mais enfin, pourquoi ne l'aimeriez-vous pas de tout votre cœur, puisque c'est l'unique objet aimable en ce monde, l'unique qui soit digne du cœur humain, qui renferme en soi éminemment toutes les perfections de la nature, dont il est la source et l'origine ?

La Sœur Marie de l'Incarnation, reli-
gieuse Carmélite, était si fort pénétrée
de cette pensée, qu'on l'entendait ordinairement s'écrier, dans l'excès de
son amour : *Est trop avare à qui Dieu
ne suffit !* comme si elle eût voulu
dire : O hommes mortels, aveugles et
insensés ! pourquoi tant de peines et
de travaux pour vous satisfaire, puisque vous trouvez en Dieu tout ce qui
peut contenter votre cœur !

Pratique.

Vous devez aimer Dieu de tout
votre cœur, de toutes vos forces et de
toute votre âme ; c'est-à-dire, que
vous le devez aimer par-dessus toutes
choses, plus que vos biens, plus que
vos parens, et même plus que votre vie.

Vous devez être dans la résolution de perdre ce que vous avez de plus cher au monde, plutôt que de perdre sa grâce et son amitié. Vous devez souffrir et endurer toutes sortes d'affronts et même la mort, plutôt que de rien faire qui soit contre l'honneur que vous lui devez. Ah! que cet amour sincère et véritable que nous devons avoir pour Dieu, est rare en ce monde! car où est l'homme qui aime plus son Dieu que son trésor et sa propre vie?

Vous devez tellement détacher votre cœur de l'amour des créatures, que vous ne les aimiez que pour Dieu. Il est vrai que vous êtes obligé d'aimer votre prochain et particulièrement votre père et votre mère, puisque Dieu vous le commande ; mais ce ne doit pas être au préjudice de l'amour que vous devez à Dieu ; car Jésus-Christ vous assure que celui qui aime son père et sa mère plus que lui, est indigne de son amour. Renoncez à la chair et au sang, quand il s'agit de la gloire et de l'honneur de celui qui vous a donné l'être.

Si vous voulez témoigner à Dieu l'amour que vous lui portez, ne cherchez que lui en toutes choses, n'agissez que pour lui, et ne parlez que de lui. Que de trésors et de mérites, que de grâces ne vous attirerez-vous pas en cette vie; et à quel degré de gloire ne serez vous pas élevé dans le Ciel, si vous savez animer toutes vos actions du feu du divin amour !

De l'amour du prochain.

Vous ne pouvez aimer Dieu, que

vous n'aimiez votre prochain ; car la
même charité qui nous fait aimer Dieu,
nous fait encore aimer nos semblables. La raison est, que ce qui porte
un homme à en aimer un autre, le
porte aussi à l'amour de tout ce qui
peut lui appartenir.

Pratique.

IL faut que vous aimiez votre prochain uniquement pour Dieu ; car l'aimer par quelque motif humain, ce
n'est pas l'aimer de la façon que Dieu
veut que vous l'aimiez ; ne l'aimez
donc pas seulement à cause qu'il vous
aime, ni pour aucune de ses belles
qualités, ni à cause que vous avez reçu
ou que vous espérez quelque bienfait de lui ; ce n'est là qu'un amour

naturel qui est commun aux Chrétiens et aux païens. Il faut que cet amour soit purement fondé sur Dieu, dont le prochain est la créature, l'image et la ressemblance.

Il faut que vous aimiez votre prochain comme vous-même : c'est-à-dire, que vous lui souhaitiez le même bien qu'à vous-même, et cet amour doit être universel ; car tous les hommes, quels qu'ils soient, amis ou ennemis, fidèles ou infidèles, sont vos frères et les images vivantes de Dieu.

Donnez-vous bien de garde d'en exclure aucun de vos confrères, sous quelque prétexte que ce puisse être, quand il serait même votre plus cruel ennemi. Souvenez-vous que la charité vous oblige à prier Dieu pour tous ; mais particulièrement pour ceux qui en ont le plus besoin.

~~~~~~~~~~~~~~~~~~~~~~~~~~~~~~~

PRATIQUE

Pour entendre dévotement la Sainte Messe.

QUAND vous allez à l'Eglise à dessein d'y entendre la Messe, ne faites pas comme la plupart des enfans qui y vont en courant, en badinant, et avec un esprit dissipé; allez-y avec un grand recueillement, comme si vous alliez au Calvaire pour y voir Jésus crucifié.

Ayant pris de l'eau bénite à l'entrée de l'Eglise, avec foi et avec douleur de vos péchés, mettez-vous humblement à genoux, et tâchez de vous éloigner, autant qu'il vous sera possible, de ceux qui pourraient vous

distraire par leur mauvais exemple.
Donnez-vous bien garde de tourner
la tête pour observer ceux qui sont
auprès de vous, ceux qui entrent ou
qui sortent de l'Eglise. C'est une im-
modestie et une marque d'un esprit
dissipé. Cependant il faut que votre
dévotion soit sans affectation.

DU REPAS.

N'ALLEZ pas à table seulement pour
contenter votre appétit; mais pour
obéir à Dieu, qui veut que vous vous
nourrissiez pour pouvoir vous appliquer avec plus de vigueur à son service. Dites donc le *Benedicite* avec
attention, avant que de vous mettre
à table.

Ne mangez point avec avidité: comportez-vous tout le tems de la table avec retenue et modération, sans donner aucun signe de gourmandise. Ne passez jamais aucun repas sans vous mortifier, en laissant quelque morceau qui vous paraîtra le plus à votre goût; faites-en un présent à N. S. Jésus-Christ, vous en abstenant pour son amour.

Remerciez Dieu, après le repas, de vous avoir donné si libéralement ce qui vous était nécessaire pour votre nourriture. Combien y a-t-il de pauvres qui n'ont pas de pain à manger, et qui sont dans la dernière nécessité?

DE LA RÉCRÉATION.

DIEU veut que vous ayez un tems pour vous divertir et pour vous relâcher un peu l'esprit, afin de vous appliquer après à l'étude avec plus de ferveur. Prenez donc votre récréation après le repas dans le dessein de Dieu, et gardez-vous bien de dire ou de faire la moindre chose qui soit contre son honneur, ni qui puisse scandaliser vos compagnons ; car c'est le tems où les jeunes gens font de plus grandes fautes.

Ne dites et ne faites jamais rien qui puisse offenser votre prochain en la moindre chose ; car il ne faut qu'une parole mal dite pour blesser la charité : abstenez-vous des paroles de raillerie ; que si quelqu'un de vos compagnons vous dit quelque chose qui vous puisse déplaire, dissimulez et ne prenez pas en mauvaise part ce qui n'a été dit que par le jeu et pour passer le tems.

DE LA PRIÈRE DU SOIR.

Motifs pour la bien faire.

Après avoir donné tout le jour au travail et à l'étude des lettres, il est bien raisonnable que vous rentriez un peu en vous-même avant que de vous coucher, pour faire une sérieuse réflexion sur toutes les actions de la journée. Y a-t-il rien de plus juste que de prendre un petit quart-d'heure pour mettre ordre aux affaires de votre conscience et de votre salut, puisque c'est la chose la plus importante que vous ayez en ce monde ?

Vous voyez de quelle façon se comportent les gens d'affaires et les marchands dans leur trafic. Ils ne peuvent dormir en repos, à moins qu'ils n'aient fait un état du gain et des pertes qu'ils ont faits pendant le jour. Ils écrivent fort exactement ce qu'ils donnent et ce qui leur est dû, tout au net et avec beaucoup d'ordre. Pourquoi tous ces grands soins? C'est pour éviter le grand embarras où ils se trouveraient, s'ils n'agissaient de cette façon; c'est qu'ils veulent, en cas de mort, que toutes les choses soient en état. Si donc l'homme prend tant de peine pour des biens temporels et périssables, que ne devez-vous pas faire pour le bien spirituel et éternel de votre âme?

Faites une sérieuse réflexion que cette nuit sera peut-être la dernière de votre vie. Combien en a-t-on vu qui se sont couchés en parfaite santé, et qui le lendemain ont été portés du lit au tombeau? La même chose peut vous arriver. Hélas ! que deviendrait votre âme, si vous veniez à mourir en péché mortel?

~~~~~~~~~~~~~~~~~~~~~~~~~~~~~~~~~~~~~

PRATIQUE.

Ayez soin de faire exactement votre examen de conscience, et d'en observer les points; insistez particulièrement sur la recherche des fautes que vous avez commises pendant la journée, et je vous conseille de les écrire à la première occasion, afin que venant à vous confesser, vous soyez alors soulagé dans la recherche que vous en devez faire. Plusieurs suivent cette pratique et s'en trouvent fort bien; car au lieu que les autres se tourmentent quand il faut aller à confesse, ceux-ci n'ont qu'à lire les papiers où ils les ont écrites chaque jour depuis leur dernière confession.

Dites ensuite les prières qui vous sont prescrites, avec le plus d'attention qu'il vous sera possible, et considérez que la prière qui n'est proférée que de bouche n'est d'aucun mérite devant Dieu ; il faut que le cœur parle et que les paroles que vous dites viennent de l'intérieur, et soient accompagnées d'une particulière attention.

Résistez constamment au sommeil ; vous en viendrez à bout en vous tenant continuellement à genoux, en répondant avec les autres pendant tout le tems de la prière ; car si vous cherchez vos petites commodités, votre prière sera bientôt interrompue par le sommeil.

Invocation de la Sainte-Vierge, de nos Anges Gardiens et de tous les Saints.

PRIONS.

ACCORDEZ-NOUS, s'il vous plaît, Seigneur Dieu, à nous qui sommes vos serviteurs, une santé perpétuelle de corps et d'esprit, et que, par l'intercession de la sainte et glorieuse Marie toujours Vierge, nous soyons délivrés des afflictions présentes, et jouissions un jour des joies éternelles.

Mon Dieu, qui, par votre providence ineffable, avez daigné envoyer vos anges pour notre garde, accordez à nos très-humbles prières, que nous soyons toujours secourus ici bas de leur puissante protection, et que nous soyons dans le Ciel les compagnons de leur félicité éternelle.

Nous vous prions, Seigneur, que tous vos Saints nous assistent en quelque lieu que nous soyons, afin qu'honorant leurs mérites, nous obtenions de votre bonté, par leur puissante intercession, le secours de votre grâce, qui les a sanctifiés dans ce monde, et la participation de la gloire dont ils jouissent dans l'autre, par Jésus-Christ notre Seigneur. Ainsi soit-il.

— • — • — • — • — • — • — • — • — • — • — • — • —

Prions pour nos Parens, Amis, Bienfaiteurs, et généralement pour tous les Fidèles vivans ou morts.

Dieu tout-puissant et éternel, qui êtes le souverain maître des vivans et des morts, et qui faites miséricorde à tous ceux que vous connaissez devoir être du nombre de vos élus, par leur foi et leurs bonnes œuvres, nous vous supplions avec une humilité profonde, que ceux pour qui nous vous offrons des prières, soit qu'ils soient encore en ce monde, environnés d'une chair mortelle, ou que, dépouillés de leurs corps, ils soient passés dans une autre vie, obtiennent de votre bonté, par l'intercession de tous vos Saints, la rémission de leurs péchés, par Jésus-Christ notre Seigneur. Ainsi soit-il.

Que le Seigneur dispose de nos jours, et qu'il établisse nos actions dans sa sainte paix; que le Seigneur nous bénisse et nous préserve de tout mal; qu'il nous conduise à la vie éternelle, et que les âmes des fidèles qui sont morts, reposent en paix par sa miséricorde. Ainsi soit-il.

TRAITÉ ABRÉGÉ

DE GRAMMAIRE
OU D'ORTOGRAPHE,

PAR DEMANDES ET PAR RÉPONSES.

Des Parties du Discours.

DEMANDE. Combien y a-t-il de parties dans le discours ?

RÉPONSE. Neuf, qui sont : le Nom, l'Adjectif, l'Article, le Pronom, le Verbe, l'Adverbe, la Préposition, la Conjonction et l'Interjection.

Du Nom.

D. Qu'est-ce que le nom ?

R. C'est un mot qui représente l'idée d'une personne ou d'une chose, de plusieurs personnes ou de plusieurs choses.

EXEMPLE : *Paris*, *la Loire*, *l'Homme.*

D. Combien distingue-t-on d'espèces de noms?

R. Deux espèces, le nom propre et le nom commun.

D. Qu'est-ce que le nom propre?

R. C'est un nom qui ne convient qu'à une seule personne ou à une seule chose.

Ex. : *Rennes*, *Virgile*, *le Rhône.*

D. Qu'est-ce qu'un nom commun?

R. C'est un nom qui convient à tous les objets ou individus de la même espèce.

Ex. : *Lapin*, *Cheval*, *Table*, *Forêt.*

D. Les noms sont-ils susceptibles de genre et de nombre?

R. Oui.

D. Qu'est-ce que le genre?

R. C'est une classe dans laquelle est rangée une collection de noms?

D. Combien la langue française distingue-t-elle de genres?

R. Deux, le masculin et le féminin.

D. Qu'est-ce que le nombre?

R. C'est la propriété qu'ont les noms, de

marquer par leur terminaison leur unité ou leur pluralité.

D. Comment se forme le pluriel dans les noms ?

R. En ajoutant un *s* à la fin.

Ex. : Singulier, *la Maison*; pluriel, *les Maisons*; singulier, *l'Homme*; pluriel, *les Hommes.*

D. N'y a-t-il pas quelques exceptions ?
R. Oui : l'usage les apprendra.

~~~~~~~~~

De l'Adjectif.

D. Qu'est-ce qu'un adjectif ?
R. C'est un mot qu'on joint au nom, pour y ajouter une qualité ou manière d'être.

Ex. : BEAU *Cheval,* JOLI *Lapin,* TABLE RONDE, VASTE *Forêt.*

Ces mots, *beau, joli, ronde, vaste,* ajoutent au nom qu'ils accompagnent une nouvelle idée ou modification, et font qu'on les regarde sous un nouveau point de vue.

D. Les adjectifs sont-ils susceptibles de genre et de nombre?

R. Oui; ils doivent avoir le même genre et le même nombre que le nom auquel ils ajoutent une qualité; car ils sont censés ne faire qu'un avec lui.

Ex. : De BEAUX *Hommes, de* BELLES *Femmes, de* VASTES *Plaines, des Coteaux* ÉLEVÉS.

D. Comment se forme leur pluriel?

R. Comme celui des noms : il y a aussi quelques exceptions.

~~~~~~~~~

De l'Article.

D. Qu'est-ce que l'article?

R. C'est un mot qui se met devant les noms communs, pour en déterminer la signification.

D. Est-ce que, sans les articles, les noms communs n'exprimeraient pas clairement les individus dont on veut parler?

R. Non : le nom commun, sans article, n'exprime que d'une manière vague la chose ou l'individu qu'il représente.

Ex. : Forêt, Rivière, Cheval.

Ici, la signification du nom n'est pas déterminée ; on ne sait pas de quelle rivière, de quelle forêt, de quel cheval on veut parler.

D. Donnez-moi un exemple de noms avec un article.

R. En voici :

Ex. : J'ai vu UN Cheval ce matin ; j'ai déjà parcouru CETTE Forêt; je vais à LA Rivière.

Vous voyez que ces petits mots déterminent la signification des noms, les font ressortir en quelque sorte de la masse des individus de la même espèce, et les présentent à l'esprit, pour qu'il ne s'occupe que d'eux.

D. Nommez quelques articles.

R. En voici : *Le, la, les, ce, cet; cette, ces.*

D. Les articles sont-ils susceptibles de genre et de nombre ?

R. Oui, ainsi que les adjectifs.

Ex. : LE Loup, LA Rivière, LE Fils, LA Mère.

Du Pronom.

D. Qu'est-ce que le pronom?

R. C'est un mot qui remplace le nom.

Ex. : Voilà mon Père ; IL *vient vers* NOUS *;* IL NOUS *aperçoit.* JE *vois aussi ma sœur ;* ELLE *cause avec mon père.*

Les deux *il* remplacent père, les deux *nous* remplacent la personne qui parle et celle à qui elle parle ; *je*, remplace la personne qui parle, et *elle* remplace sœur.

D. Les pronoms prennent-ils le genre et le nombre?

R. Oui.

Ex. : Ces Maisons sont belles ; ELLES *sont bâties de pierres. Ces appartemens sont meublés avec goût ;* ILS *sont très-clairs.*

Dans l'exemple précédent, *elles* remplace maisons, qui est un nom féminin et pluriel, et *ils* remplace appartemens, qui est un nom masculin et pluriel.

D. Qu'entendez-vous par personnes?

R. J'entends la fonction ou rôle que chaque individu remplit dans le discours.

D. Combien y a-t-il de personnes?

R. Trois : la première personne, qui est celle qui parle.

Ex. : *JE crois en Dieu; JE vois mon père.*

La seconde personne, qui est celle à qui l'on parle.

Ex. : *TU vas à la campagne; VOUS revenez de la ville.*

La troisième personne, celle de qui l'on parle.

Ex. : *Ces bois sont charmans; ces prés sont fleuris.*

D. Y a-t-il des pronoms des trois personnes?

R. Oui.

D. Nommez-moi les pronoms de la première personne.

R. Les voici : singulier, *je, me, moi*; pluriel, *nous.*

D. Ceux de la seconde.

R. Les voici : singulier, *tu, te, toi*; pluriel, *vous.*

D. Ceux de la troisième.

R. Masculin singulier, *il, lui, le;* pluriel, *ils, eux, leur, les, se, soi.*

Féminin singulier, *elle, lui, la;* pluriel, *elles, leur, les, se, soi.*

Les pronoms de la première et de la seconde personne s'emploient indifféremment pour les deux genres.

~~~~~~~~~~

Du Verbe.

D. Qu'est-ce que le verbe?

R. C'est un mot qui exprime l'existence d'une personne ou d'une chose sous une modification ou manière d'être.

Ex. : *Pierre* FRAPPE, *Paul* DORT.

Ces mots *frappe, dort,* sont employés pour *est frappant, est dormant;* ils marquent l'existence de Pierre et de Paul sous une modification; par conséquent ce sont des verbes.

D. Le discours pourrait-il exister sans verbe?

R. Non : il en est l'âme; sans le verbe, les autres mots n'expriment que des idées vagues, et décousues qui n'ont aucun sens.

Ex. : *Dieu...... à Moyse...... ma volonté à
Israël.*

Vous voyez que les verbes manquant dans
cette phrase, elle ne présente aucun sens.

D. Faites-moi voir la différence en rétablis-
sant les verbes.

R. La voici. *Ex.* : *Dieu* DIT *à Moyse* : AN-
NONCE *ma volonté à Israël.*

D. Y a-t-il plusieurs sortes de verbes.

R. Oui ; il y a des verbes actifs, des verbes
passifs, des verbes neutres et des verbes im-
personnels.

~~~~~~~~~~

De l'Adverbe.

D. Qu'est-ce que l'adverbe ?

R. C'est un mot qui sert à modifier le verbe,
les adjectifs, et même les autres adverbes, et
qui marque le tems, le lieu où une chose se fait,
et la manière dont elle se fait.

Ex. : *Chanter* JOLIMENT, *parler* AGRÉABLE-
MENT, *aller* LA, *venir* ICI, *le lieu* OU *il va*, etc.

Tous ces mots, *joliment, agréablement, là,
ici, où,* sont des adverbes.

De la Préposition.

D. Qu'est-ce que la préposition?

R. La préposition est un petit mot qui sert ordinairement à marquer les rapports qu'il y a entre plusieurs choses, soit rapport de possession, d'éloignement, de convenance, de tendance, etc.

Ex. : *Le cheval* DE *mon père ; je vais* A *Paris; il est* DANS *la maison ; je cours* VERS *toi.*

Ces mots *de*, *à*, *dans*, *vers*, sont autant de prépositions.

~~~~~~~~~~

De la Conjonction.

D. Qu'est-ce que la conjonction?

R. C'est un mot qui sert à lier les phrases entre elles, pour n'en faire qu'un tout, et pour rendre le discours plus harmonieux et plus coulant.

Ex. : *Il faut* QUE *je vous voie ; mon frère* ET *ma sœur sont sages; je vous crois bon,* MAIS *j'en veux des preuves;* PUISQUE *vous le dites, je le crois; étudiez,* AFIN *d'être instruit, etc.*

Ces mots *que, et, mais, puisque, afin,* sont des conjonctions.

~~~~~~~~~~~~

De l'Interjection.

D. Qu'est-ce que l'interjection?

R. Ce sont des mots qui représentent les mouvemens extraordinaires de notre âme, soit de joie, de crainte, de pitié; ainsi, *hélas! ah! oh! hola! ô! fi! fi donc!* sont des interjections.